AF174587

ITZULPENA – TRADUCCIÓN

ITZULPENA – TRADUCCIÓN

ANGEL ERRO

Navarro Villoslada 2023 Literatura Saria
Euskara

Gobierno de Navarra
Nafarroako Gobernua
Departamento de Cultura, Deporte y Turismo
Kultura, Kirol eta Turismo Departamentua

Navarro Villoslada 2023 Literatura Saria

TÍTULO / IZENBURUA
Itzulpena – Traducción

AUTOR / EGILEA
Angel Erro

EDITA / ARGITARATZAILEA
© Gobierno de Navarra / Nafarroako Gobernua
Departamento de Cultura, Deporte y Turismo /
Kultura, Kirol eta Turismo Departamentua

DISEÑO Y MAQUETACIÓN / DISEINUA ETA MAKETAZIOA
Lamartica Estudio Creativo

IMPRESIÓN / INPRIMAKETA
Idazluma

ISBN: 978-84-235-3704-4

DL NA 757-2024

1.ª edición: mayo de 2024 / 1. edizioa: 2024ko maiatza

PROMOCIÓN Y DISTRIBUCIÓN / SUSTAPENA ETA BANAKETA
Fondo de Publicaciones del Gobierno de Navarra /
Nafarroako Gobernuaren Argitalpen Funtsa
Navas de Tolosa, 21. 31002 Pamplona / Iruña
Tel.: 848 427 121 / fondo.publicaciones@navarra.es
https://publicaciones.navarra.es

HITZAURREA

Nafarroako Villoslada Literatura Sariaren xedea da jatorrizko lanen sorkuntza sustatzea gaztelaniaz eta euskaraz, hainbat literatura-generotan. Lehenbiziko edizioan, Vianako Printzea Erakundea-Kultura Zuzendaritza Nagusiak literatura-bide bati ekin nahi izan dio sariaren bitartez eta lan hauek argitaratuz, Nafarroako literatura-ondarearen parte baitira orain.

Angel Erroren *Itzulpena-Traducción* lana literatura-tentsioagagatik eta sinbolismoagatik nabarmentzen da, baita bere adierazkortasun joriagatik eta argitasunagatik ere. Poema-bilduma maitasunaz, heriotzaz eta denboraren joanaz mintzo zaigu, egunerokoaren eta nostalgiarekin arteko elkarrizketa bat josiz, epaimahaiak oroitzapenaren edertasuna deitu duena. Ohiz kanpoko obra berritzaile bat da batasunaren ikuspegiari dagokionez.

Navarro Villoslada Literatura Sariak Nafarroako Gobernuaren eta liburuaren sektorearen arteko lankidetza handiagotzen du sorkuntzaren arlotik eta idazmenetik. Vianako Printzea Erakundea-Kultura Zuzendaritza Nagusiak zenbait urte daramatza Nafarroako kultura-sektore hori sendotu eta handiagotzeko ekintzak gauzatzen eta oraingo hau kate horretako beste ekintza bat da.

Izan ere, zinez uste dugu literatura, sorkuntza laguntzea gure herrialdeko hizkuntza-aniztasuna aintzat harturik eta herritarrei liburuak eskuragarriago jarririk, funtsezkoak direla pentsamendu kritikoa eta gizarte solidario eta engaiatu bat garatzeko.

Gisa honetako ekintzak bultzatzen segituko dugu, erakusteko zeinen literatura ona sortzen den gure erkidegoan, etorkizunean bide azkengabe bat ibiliko duelakoan baikaude.

Rebeca Esnaola Bermejo
Kultura, Kirol eta Turismoko kontseilaria

Sagarra, manzana;
ikatza, carbón;
mujer, andria;
hombre, gizon.
(Juan Mari Lekuonak Oiartzunen bildua)

It is conceivable that a genuine bilingual poet might write what, to
him, was the same lyric in two languages, but if someone else were then
to make a literal translation of each version into the language of the
other, no reader would be able to recognize their connection.
W. H. Auden

Zorionekoak laugarren hizkuntza ikasten ari zaretenok,
poesia zer den ikasi baituzue.
Zorionekoak hirugarren hizkuntza ikasten ari zaretenok,
elebidunak baitzarete.
Zorionekoak elebidunok,
mundua izendatzeko bi maneratan partaide baitzarete.
Baina zorigaitza zuei, elebakarrak;
zuentzako kalte.
Antonio Casado da Rocha

ITZULPENA

ISPILUA

Un espejo devuelve mi imagen
desvencijada, pero todavía
(me convenzo) presa aceptable
de otros reflejos. Me miro en mí
hasta no reconocerme.

ESPEJO

Ispilu anonimo batek ikasi du
une luzatuegi batez nire forma.
Zerbait nahi izan dit erakutsi.
Aztertu dut irakaspen urtsua.
Ondorio mingarriak atera eta beste
begi batzuetara ditut eraman.

CAOS PERSONAL

Por si nada Dios sobre el caos
y ordena no decidir el mundo,
y nada empieza y ya nadie lo advierte,
no me preocupo en ninguna
flexión del verbo. El sentido que conoce
mi forma acabará también con ella.

Estoy tan cansado de ser yo,
y observo que el universo también
se cansa de serlo
en la parte que me conforma,
y espera
una resolución por mi parte
para desordenarse de mí
y esplender con toda su fuerza.

KAOSAREN ERAGINA

Materiak xahutzera jotzen du;
gogoak, berriz, betikora.
Nire itxuraren berri nekatua
duten neurona berekoiek
herio gogoa dute azkenean
ikasiko. Ez dago horretan gaitzik.

Nahiago nuke zuhaitza banintz,
edo hostoak mugitzen dizkion haizea,
ez izatearren neure buruaz hastiorik,
txoriak barne hartzeko kantari,
guztiak zentzuren bat balu bezala,
bilatu beharrik ez bainuke, hain zuzen.

EL POETA LEE EL PERIÓDICO

Dos hombres han muerto en una playa.
No le he prestado mucha atención
al principio. Después he sabido
que eran hermanos, de Pamplona.
La noticia menciona el negocio de sus padres,
en el que entré una vez. Sin conocerlos,
me estremezco de proximidad.
También a nosotros
mucha gente no nos conocerá un día,
y respirará tranquila al leer nuestro nombre
en un periódico.

POETA EGUNKARIA IRAKURTZEN ARI DA

Egunkarian irakurri dut
Aurizko hilerria hautatu dutela
hilerrietan ederrena.
Auritzen aurkituko ahal nau Heriok!

Heriotzak nonahi xerkatzen
eta inguratzen gaitu. Ez dago begiak
urrunegi itzuli beharrik, haren zantzuren bat
ikusteko gertu. Munduan
hiltzen den pertsona bakoitzak
hurbiltzen digu heriotza milimetro batez,
eta gu hurrengoak izateko aukera biderkatzen.

Hildakoz hildako handitzen doa
ez dakizunaren eremu ugalkorra.
Egunkarietako hilberrietan izaten dugu,
azkena delakoan, askoren lehen berria.

NADA

Patria, verdad, arte, poesía. Nada
serán cuando seamos nada. Pero
dejad que, mientras, sean nuestro todo
patria, verdad, arte, poesía, nada.

ABERRIA, EGIA, ERTIA, POESIA

Soldadu flandriarra naiz,
alde edo kontrako
–hau da, denbora edo
denbora bezalako–.
Epai pozoidun batek
larri zauritan natza.
Zelaia dut odolez
bilakatu basatza,
zornaduraz lurrindu,
baina ez dut erranen
«nireak egin du».

Filosofoa nauzu,
Suedian finkatua.
Lezioak, eztulak
–izerditan blaitua–
ohetik eman behar.
Haietaz har gogoan
ziurtasun bakarra
dela mundu osoan:
atzena beti gertu.
Oraindik, hala ere,
ez gara zertu.

Son il Papa di Roma,
artezale arraso.
Lehen manua hauxe:
nire hobia jaso,
ehundaka artistek
garaiz fini dezaten.
Paseoen beldur naiz,
ez dut onddorik jaten,
zazpi giltzez itxirik
eskertzen diot Jainkoari
nagoela bizirik.

Poeta ingeles bat
naiz, metafisikoa,
buruz ikasi behar
den horietakoa
–oraindik ez, beharrik!–.
Esperantza dut erein
soneto antzuetan.
*For I shall always remain
the same.* Baina ni ez naiz
beti bera iraunen
duena, bera baiz...

EPITAFIO

Solo hay la vida.
Créelo y sigue adelante.
Yo no lo hice.

HILARTITZA

Hau zen bizitza,
dagoeneko ez dudan
hau besterik ez.

NICOLETTE

El Nicolette solía tener algo
de ir a las Cruzadas. «Salid todos
por la noche, que este bar
al final reconocerá a los suyos».
Una selección natural os conduce
hasta aquí, donde ya la muerte,
ya el deseo o el *techno*,
con idéntico ritmo mueve
la cadera del currela, el hombro del pijo.

Duro ha sido el camino
hasta la expiación y el conocimiento.
Aquí nos esperan otras derrotas
que todavía desconocemos
y a las que nos aventuramos valientes.

GARAIPENA

Edaria edo irrika, arinago zein xahutuko.
Deus ez gertatzeko moduan berean ere
gaurko gaua makurragoa izaten ari da.
Premia sentsazioak jo nau. Zerbait egin
beharko nuke: besterik ezean, alde.
Porrotak ere egonarria eskatzen du.

Gaur ez dut, atzo bezala, lotsarik
edo beldurrik sentitzen neure buruaz.
Ez naiz, hala ere, ezertan laketzen.
Tabernek erakusten duten egia bakarra
gero eta tristeagoa da: bakardadea.

Bertan ezagutuko duzu hobekien mundua
dagoeneko ez dela zurea, tematu arren.
Gordelekuak babesgabe utzi ditugu.
Arrazoia zuten gazte sentitutako zaharrek,
eta arrazoia genuen guk, haietaz nardatuta.
Iraganean jokatutako garaipena dugu zain.

EL BESO

El beso se nutre
del silencio
que provoca.
Dice algo nuestro
que no existía.

MUSUA

Isiltasunaz egina baitago
elkarri eman diogun musua,
ez iezadazu maitasunik aipa,
esan gabe doanak ez dezan
unea, hauskor, gezurtatu.

LETRA D DE LA ENCICLOPEDIA

Diodoro Crono de Megara
considera que todo
movimiento es siempre
pretérito, y nunca presente,
lo que equivale a decir que no existe.

Dubois Reymond, en *Dei sieben
Welträstsel,* de siete cuestiones
solo
responde a tres: no sabe
cuál sea el origen del movimiento.

Dombey,
que herborizó en compañía de Rousseau,
escribió, no sobre el movimiento
ni su posibilidad, sino sobre la fosforescencia
del mar. Según la enciclopedia
(la británica, por supuesto), murió
en la cárcel y, fiel
a su palabra, no publicó
los resultados de su expedición.

También leo a Démades,
que no escribió sus discursos.

ISILTASUNA ETA MUGIMENDUA

Ekitaldi solemneek isiltasuna eskatu ohi dute.
Isiltasunaren maisu (edo ikasle) handia
izandako Marcel Marceauk, paradoxikoki
hitzetan, esana da isiltasuna,
mugimendua bezala, azkengabea dela;
mugak, berriz, hitzek dituztela paratzen.
Horregatik egoten da hildakoen aurrean

                                              isilik.

Isiltasuna ere hizkuntza bat da, azkena
ikasi ohi duguna.

ENCUENTRO

Sale en tromba toda la cuadrilla.
En un momento soy consciente
de que es posible que nunca vuelva
a verlo. Basta que vista pantalones
largos para que no lo reconozca nunca.

De la desolación súbita de este lugar
solo yo conozco la causa, de su sordidez.
Sigue vaciándose el bar. La noche
pierde sentido y, sin embargo, los pocos
que vamos quedando alargamos
dolorosamente nuestra consumición,
igual que hace un rato,
en que nada esperaba y esperaba todo.

TOPA

Topa egin dezagun, lagunok,
desirari eta bere ezinei
darraien lasaitasunaren alde.
Balizko mozkor huts bat izatea
arindua ere bada. Horrelako zerbaitengatik
alde egin nuen bere unean Iruñetik.
Osasungarria da tarteka norbaitek
edo zerbaitek berriro egoztea kanpora.
Ona da kanporatua nora izan edukitzea.
Badakit egunen batean ez dela hala izanen,
eta penaz pentsatzen dut harako egunean,
errukitu dudan hainbat jenderengan
konplituta ikusi dudan legezko egun beltzean.

Jendeari errukia eragitea, huts egin gabe,
gertatuko zaigun gauzarik penagarriena da,
uste dugu, berez dagoeneko gertatzen ari zaigunean.

PRIMEROS AÑOS

La ciudad vuelve a ser infinita
para los viejos.

Salgo a pasear con papá
y recuerdo que en los trances
más duros, melancólica,
temías nuestra enemistad.

Los primeros años caminábamos
juntos cada tarde;
al principio, notaba en su andar
la cadencia de tus años de enferma
(pensaba, en silencio,
en esa metáfora no sé si del amor
conyugal; pensaba en ti, en todas las cosas
en que sigues y que nadie advierte).
Después empezó a ir mucho solo,
subía al monte, inventaba travesías
y caminaba como un hombre
diez años más joven, a veces
demasiado deprisa para mí,
que cojeo ostensiblemente.

Pero con los años ha recuperado
la lentitud primera, e incluso la rebasa.
Puedo volver a acompañarle. La vida
nos ha reconciliado, o lo parece, plegándose
sobre nosotros mismos.

LEHEN URTEAK

Heriotzaren lehen urteak
hemen emanen dituzu,
lekua beilatuko dugu,
loreek babestuko ahanzturaz.
Hilarriaren atzean zure usteltzea
igarriko dugu uda indarberritzailean.

Udal arautegiak erabakiko du
noiz zaren hezurtegirako prest egonen.
Hezur eta azal maitatuko,
hainbeste maite zintugun,
eta zuretik zerbait dagoke haietan.

Aita agurea izanen da
lurrean ere. Ezinen zenuke
imajinatu. Terriblea izanen da,
hasikoa da izaten, zure heriotza.
Gu ere hasiko gara, poliki-poliki,
beilatuak izaten, loreak edukitzen, usteltzen.
Eta zuk nahiko gaituzu sarrarazi,
heriotza erraztu,
eta ezin. Gauza batzuk bat-bederak
 hil behar ditu.

Lagunduagorik sentituko zara?
Hilda jakinen dugu zu maitatzen orobat?
Hainbeste bakardade barkatuko diogu elkarri?
Ikasiko dugu, zurekin azkenik, ahazten?

GUERRA

Dans le langage c'est toujours la guerre,
dans la traduction c'est toujours la guerre.
Henri Meschonnic

Existió un poeta que quiso fundar
un partido político con el ritmo
como única ideología. Yo una vez
encontré un libro suyo de saldo:
Critique du rythme. «La teoría del ritmo,
en su más amplio sentido, es
política», decía en la contra. Es verdad.
Apunté otra frase: «Dentro del lenguaje
siempre se está batiendo una guerra».
No sé si somos el arma o las bajas.

GERRA

Je sens dedans mon âme une guerre civile.
Jean de Sponde

Etsaiak papisten, etsaiak higanoten artean,
ez konbertitu zelako, berandu baizik. «Orain
diote: 'katolikoa balitz'; gero esango dute:
'katoliko ona balitz'; higanotak jazarri ere beharko,
higanota zarelako uste zaharra gezurtatzeko».
Horrela idatzi zuen, Henrike Nafarroakoak
katolizismoa besarkatu-eta, Joanes Ezpondak,
azkenean bera ere fede zaharrera itzuli aurretik.

Kartzelan ibili, lurpeko ibaiak bilatu, Eskritura
Santuak baino, Luzianoren solasaldiak nahiago
zituela aitortu, bere bizitzako gertaera inportante
guztiak gertatu aurretik ametsean ikusi omen zituen.
Gogoaren barnean gerra zibila dut sumatzen,
idatzi du olerki batean, bere burua suntsitzera
jotzen duen bere poesia moldearen frogagarri.
Ez dakigu bera den hiltzaile, edo bera den hildako.

LA MUERTE ES IMPOSIBLE

La muerte es imposible.
Mueren los otros,
los que no te acompañan.

El mundo se ha parado
para la porción de absoluto
(que me sostenía ángel)
en tu conciencia,
y ya no existe para ti,
tú sí para el mundo.

La muerte no te toca.
Mueren los otros,
porque la muerte es imposible
en ti (quizá, efectivamente,
mueran en otro lado, allá,
según dicen, a millares):
no me cabe en mi cabeza
de pequeño ser que no te vive.

La muerte es imposible,
y no porque cante
–mientras lo cante–
los días, felices, de vida;
y, grabados en bronce,
sean memoria no ya mía.

EZINEZKOA DA

Ezinezkoa da, berriz diot,
hilda egon zaitezen.
Azalpen ona dirudi
zure absentziarako:
zu ez egotea, zoriontsu
edo penaz, inon eta
dagoeneko betikoz.

Baina neure baitan
oso sen indartsuak,
dela arimak, dela ohiturak,
esaten dit bitxiro bizi zarela
hemen eta orain.
Heriotza ezinezkoa da,
ez nik abesten ditudalako
—abesten ditudaneino—
bizi egun zoriontsuak;
eta, brontzez grabaturik,
oroimen ez nirea direlako.

La muerte es imposible
–está claro, lo he comprendido
en una fotografía tuya
guardada en mi móvil–
porque no cabe tanta vida
en tanta (en tan poca) nada.

Heriotza ezinezkoa da
–argi dago, konprenitu dut
nik egin argazki batean–
ez delako hainbeste bizitza
hainbeste ezerezetan,
hain ezerez gutxian kabitzen.

LO INESPERADO

Apostado en una plaza
sin más movimiento que el inevitable
de rotación y traslación,
compruebo y anoto
que el cruce de dos cuerpos
excelentes, de dos jóvenes,
no contrae la Tierra ni la desvía
de su órbita. Que no pasa nada
(como yo sí creí hasta el último instante).
Siguen su camino, ¡sin mirarse!
Y el planeta prosigue su ruta inapreciable,
porque (desde hace un tiempo al menos)
es infinitamente más sabio que yo.

USTEKABEKOA

Ustekabekoa maiz gertatzen da.
Hola esanda, ez dirudi gauza handirik,
eta buruan dudan kasua tontakeria bat da
(ez dut esanen), baina maiz gertatzen da
ustekabekoa. Badakizue zertaz ari naizen.

UN MOMENTO ÚNICO

Te oigo borrar fotos en la cama.
Yo estoy en el ordenador, trabajando.
Pero me interrumpo. Me molesta
pensar que pueda desaparecer,
o trepar hasta una nube inasible,
entre esas imágenes fallidas
–borrosas, repetidas, anodinas–,
alguna prueba, que hasta yo mismo
haya olvidado, de nuestro amor.
O igual debería borrar ese verso
y volver a mi trabajo, gritar que pares
con ese ruido, que no me concentro:
alguna prueba, que hasta yo mismo
desconozca, de un momento único,
no llamado a ser entendido entonces.

ARGAZKI BAT EZABATZEKOTAN

Orain urtebeteko argazki bat
ekarri dit orainera sakelakoak,
ez da irudi ederra, ez gaude
oroigarri enblematiko baten aurrean.
Seguruenik ausaz eginen nuen,
ez nuen baztertuko nahi gabea balitz.
Memoria digitalaren hondakina.
Ezabatu eta sakelakoaren edukiera
arintzeko tentazioa izan dut:
egun horretako argazki hobeak daude.
Lipar batez ohartu naiz, bihotzean
zimiko arin bat sentitzean, argazki
zahar txarrak, ezabagarrienak, direla
oroimenari eragiten diotenak sakonen,
barrenak gehien mugiarazten dituztenak,
egunerokoaren lekuko fidagarriagoak,
galbahe estetiko eta nartzisistatik
ausaz libratutakoak.
Salbuespen zaretelako maite zaituztet;
zorion une orduan ezjakinak, orain ere
doi atzemangarriak, dakartzazuelako iraganetik.

JUVENTUD

Nosotros éramos
a los que nos pasaban cosas.
Sí, somos nosotros.
¿Nos recordáis? Los mismos
a los que ahora pasan muertes,
todavía no las nuestras.

Me duele lo que no viví.
Ya lo he perdido todo;
hasta ese dolor se desvanece.
Estoy preparado para el futuro,
sea cual sea la forma que adopte
para darme de lado.

GAZTETASUNA

Guk galdu dugu (denbora
kontua zen) gaztetasuna. Zorionez,
ia denbora gehienean ahaztu
ahal izaten dugu, egiazko gazte
lotsagabe harroen aurrean izan ezik,
haiek gogoratzen baitigute gaztaroa
malapartatzeko aukera nola galdu
genuen, ezjakinean harro lotsagabe,
engainu eta malenkoniarako bidean,
baina berez betiko, ezinbestez, itsu.

Mundua dagoeneko
beste norbaitena da. Zer ardura du
ez bazenuen azken tantaraino
edan? Entrega ezazu pozik.
Sentiaraz iezaiezu
beraiena dela, ez badute ere
zure onarpenik behar.

SALA DE ESPERA

Desde aquí se oye el torno del dentista.
Anuncia dolores y sumisión. Pienso
en otra cosa, pero el sonido penetrante
me distrae de mis distracciones,
hasta que llega él, otro paciente,
con un pantalón de chándal gris
que evidencia, más que encubre,
un bulto en forma de garfio o de pico.
Detiene el tiempo, el futuro dolor.
Por desgracia, se sienta y no lo llama
la enfermera antes que a mí.
                                        Abro la boca
y ya lo he olvidado.

ETA, HALERE, ZAIN

Desira beti bera.
Argizko lumekin dut
ezagutzen,
moko motz kakotuaz.

Garai batean zuen
nire gogoan habia egina.
Elikatzen ninduen ahora
har eta zizareekin.

Orain bera da nire
gorputzaz elikatzen. Bizirik
nauka horretarako,
harkaitz bati lotuta,
barrenak agerian,
eta, halere, zain.

TRADUCCIÓN

NEWTON'DAR IXAKA

Oi, zein dan ituna
beera-bear au!
Lizardi

Eta baldin Jainkorik ez badago,
neroni, bakardadean ohituta,
ez naiz jausiko damuak hartuta,
ez bederen orain baino gehiago.

Zilegi heinean, Natur legea
dazagut: zergatik fruitu heldua
ohe gozora den lurrak deitua,
ustela dezakeelarik xedea.

Nahiz nik zergatik behera sumatu,
ezin dut sagarra arbolan gorde,
gure lehen asaben sagarrorde,
eta lurraren goseaz libratu.

Nonbait Jainkorik dagokeen arren,
nire patua duzu sagarraren.

JORGE DE OTEIZA

Cuán triste es la inexorable necesidad de caducar.
José María Aguirre

que dios no exista que no existas dios
nada me altera enseñado a soledad

conozco con certeza permitida
las leyes que rigen el mundo
por qué cae la fruta

eso no la preserva
eternamente pendular

a mí tampoco saberte

HAIKU BAT

Elur malutak
euritako beltzean.
Gaua eskuan.

UN HAIKU

El cielo luce
nuevas estrellas. Nieva
sobre el paraguas.

TABERNAN

Koadrilakoen irri-eragile,
tabernan gauden guztion begiradak
uneren batean jaso dituzu.
Ate ondoan zara, praka motzetan
eta eserleku altuan eserita.
Komunera abiatu zara alai, guztioi
taberna-zulo tristean gaudelako
irudiarekin utzita. Barrara hurbildu
edo erretzera atera dira asko. Ez ni.

Pareta lauzaren aurrean desestali duzu
sexua. Oraintxe. Badakit, gogoz
lagundu dizudalako haraino.
Ez dut, ordea, deus ere ikusi. Zeuk
lerro hauek igarri dituzu, halere, zikin,
azuleju zurien gainean –haietan ni,
haietan oraindik idatzi ez diren hitzok–.
Zirrara sentitu duzu, eta haren aztarna
atetik noiz agertuko gelditu naiz,
ez ohi baitu poesiak hain erraz erakutsi
irakurleengan eduki baduen eragina.

EN EL BAR

Sale a fumar y al mundo
le regala su belleza prepandémica
el camarero de la mascarilla.

Otro va al baño y le sigo con la mirada.

Ahora soy el único solo.
Escribir vuelve a ser una barrera
para separarme del mundo. Escribir
esto es una mentira. Yo me estoy buscando
todo lo que no me pase. Me consuelo
pensando que estar solo
es una manera de que no exista la peste.

Entro al baño yo también –nos cruzamos–,
y escribo en la pared otro verso
sobre el obsceno cadáver de la noche.

POEMA ETA BERE POETA SOLASEAN

Iruzurrezko mozorroez,
tramaz, zeure buruaz
guztiz erantzita bakarrik
ematen zara –esaten didazu–
zeure nahitara moldatzen
nauzun (agoniazko, bizitza
hertsiko, maitasun paregabeko)
hamar minutu urrietan.

Bakarrik orduan nirea zara
eta ni zurea orduan bakarrik.
Gero, sua txingar bihurtzen da;
txingarra, behin hoztuta, errauts,
eta errautsa haizeak barreiatzen du.

Beti -erantzuten dizut, poema -,
iraunen du, emankor, gure
elkarri ematearen fruitu idatziak.
Baina –argudiatzen duzu– ez ditut nigan
gehiagotan sentituko, orain bezala,
zure hatsaldi hozkirria, neke inozoa,
zure eskuaren ukitu amultsua.

HABLAN EL POETA Y SU LECTOR

A ti del todo me entrego
como si fuese un bien mueble,
como si fuese un endeble
libro del desasosiego

con las páginas caídas,
no por uso, por costumbre
–del polvo y la podredumbre
míseramente leídas–,

aunque me des a un estante
y ni un tanto consideres
la oferta de los placeres
de ser mi lector (o amante).

BIHOTZ BATUKADA

Maitatzen baino, maitatua ez izaten
eman dut nik ez-heriotza gehiena.
Bihotz batukada urruna airean dela,
bilatu zaitut hiri guztian zehar, filmetan.

TARDE DE DOMINGO

La conciencia de mis días malgastados,
si fuese solo en amar, en no ser
amado. El tiempo también asola
las carteleras de cine. Oímos ritmos
que apenas sabemos recordar.

IRUÑEA, ABUZTUAK 2

Fernando lagunak nau tabernatik eraman,
non ni nengoen deus egin gabe gozoan,
haren amodio berria ezagutzera,
txulazo dotore eta ez zatarregi bat.

Arrasto bana sartu dugu haren egongelan.
Hiztunago, esan dio ni banaizela nor,
harritu nauen harrotasunaz aletu dizkio
idatzi ditudan liburuak eta idatzi ez ditudanak.

Ez zen nitaz ari: nire bidez gogo zuen bestea
txunditu. Poeta baten laguna izatea, antza,
poeta izatea bera baino zirraragarriagoa da.
Aditzen diot; muin-muinean nahi nuke bera izan.

CONIL DE LA FRONTERA, 2 DE AGOSTO

No aspiro a un poema,
sino a ser amigo de un poeta,
verle escribir con boli o sobre el ordenador
con una sonrisa y en un rapto;
ver primero crear (es decir, no ver nada, podía
estar previendo una compra o podría tirar después
una silva), y leer algún día, sin saber que son de hoy,
estos versos que escribe en el sofá.

Y descubrir ese día –proyección de ahora–
algo que los dos sabíamos, pero que solo él
alcanza a decir, y rescatar de un viejo instinto
ese perdido sentido de qué sea un poema,
es decir, un buen poema: el único posible.

GALERA ISILA ISILAGOAN

Galera isila, isilagoan,
ezin gizonek aurkiturik, datza;
jakin ez bideak nora daroan.
Inguruan dena dugu basatza,
itsu gu egunez, ito lanbroan.
Erantzunak dudak ez daramatza.
Honen hil bizian jakinez gero,
ez ni hemen egoterik espero.

GRITAR POR LAS CALLES

Y si al final es esto,
esto y nada más,
tener que morirle a alguien,
vivir y morir, y nada más,
y vivir habiendo muerte,
no debería llamarme a engaño,
ni gritar por las calles tu silencio.

FAMILIA

Sei anai-arreba ditu aitak, ia guztiak
kilometro karratu erdi baten inguruan
bizi izan dira. Askotan galdetu diogu
aitari lehenik nor jaio zen, eta hurrengo?,
eta hurrengo?, eta hurrengo?, baina
ikasi, berriz, bizitza hain baita temati,
egoskorra, ez dugu inoiz ikasi.

Orain,
haien heriotzen hurrenkera
ikasten ari gara, premutasun
berria, hain baita bizitza temati,
egoskorra.

FAMILIA

Javier, el mayor,
Ángel, nuestro padre,
Nati, que está de monja en Francia,
la tía Angelines,
Jesús o Vicente,
Vicente o Jesús,
en medio de los dos
puede que Angelines de nuevo,
Ignacio, el pequeño.

Vicente,
Javier,
...,
...,
...

EZ BAGENEKI

Jolas ederra litzateke jolasa balitz
amona izanik gogoan izatea amona
sortu gineneko hutsunean geure burua biltzea
gehien maite genituenen ahotsak ahaztea
alde egitea egongelan telebista piztuta utzita
jolas ederra litzateke jolasa dela ez bageneki.

UNA HORA ANTES

Cuando me hojarasque o me estigie,
se evanuirá mi alma, inaprensible
aroma lejano. Sucederá una hora,
y seré el de una hora antes de todo.

GUK ELKAR EZAGUTU DUGUNETIK

Ezagutu dugu elkar, ez geure
burua. Bestearen baitan gaude
anitzetan gordeak, isilka zain
gu noiz heldu, gu noiz ezagutzera.
Eta guk elkar ezagutu dugu
(ez geure burua) kanta batean,
kanta ezinbestez alai batean.
Neure buruaren oporrak hartu
eta nitaz dimititzera noa,
ez nazazu neure baitan bilatu,
ez nagoelako nire larruan
guk elkar ezagutu dugunetik.

MUDANZA

Espero sentado el camión
de la mudanza. Mis trastros todos
desperdigados por la acera.
Los vecinos saben que pronto
dejarán de saludarme, algún perro
duda si levantar la pata sobre mí
o alguno de mis muebles. No me voy
lejos, tan, tan lejos. Solo me mudo
a la primera canción que me enviaste,
porque, decías, te recordaba a mí. En ella
fuimos felices, aunque a mí nunca me gustara.

MAITE ZAITUT

Katulok Lesbiari, zahar jendearen
esamesei kasu egin gabe, bizitzeko
eta elkar maitatzeko proposatu zion,
nahiz eta, ondoren, «gorroto eta maite
zaitut» aitortu, maitasunaren naturak
berez kontraesana balekar bezala.

Petrarkak gero, amodioaren beste
ezintasun bat, hitzez adieraztekoa,
argitzen digu: «Ez du zinez maite
zenbat maite duen esan ahal duenak».

Shakespearek, berriz, maite kontuetan
originala izaterik ez dagoelako berria
eman zigun: «Nire maitasuna esanda
dagoena errepikatzera behartuta dago».

Horrela, moja portuges baten gutunetara,
Paul Verlaineren poemetara jo genezake
maitasunaren sekretuetan barneratu direnen
bihotzez bihotzeko bidaian, irratian orain
ematen ari diren kantara arte. «Maite zaitut, maite-
maite zaitut, pila-pila-pila patata tortilla».

TE QUIERO

Tenemos ya todo el trabajo hecho.
La tradición jugó de nuestro lado
hasta que dejó de hacerlo. Fue bonito
mientras duró. Ahora, mal que bien,
hemos deconstruido, ladrillo a ladrillo,
el muro de amor que nos obligaba
a cruzarnos mensajes, a echarnos el humo,
por entre las grietas de una prisión.
Éramos libres. Ya no tengo
que dedicarte estas líneas solo a ti,
un mundo se ha abierto de cuerpos
y voluntades.

           Solo nos queda
lo más sencillo.

MUSEN ORDEZKARI SINDIKALAK

Tarteka,
ondo-ondoan egokitzen zaizu
poema bat eskaini diozun norbait.
Badakizu ez dakiela,
nekez jakin dezakeela,
seguruenik ez duela deus jakinen,
edo, batek daki, agian
beti sumatu du zertxobait,
jazarpen arin bat,
nola salatu ez duena, musek
ez baitute ordezkari sindikalik.

CONVENIO COLECTIVO DE POETAS

Imagino a un poeta
calle arriba, calle abajo, borracho
en los más oscuros antros
de inspiración, embriagado
también al penetrar la maravilla
en la cumbre de un monte
o arrimando el hombro, no como otros,
en la construcción de este país,
cuando, cansado de su labor poética,
se decide a tomar el descanso
al que por convenio colectivo
tiene derecho: escribe algo.

IRAKURTZEN ARI DEN MUTIKOA

Irakurtzen ari den mutikoa
zuhaitzaren itzalean barneratu da.
Norbaitek esan du ekintza hori
ez duela naturak aurreikusi
baina mutikoaren isiltasun
eta bareak baiesten duela,
zorionez; kode genetikoan
integratu zaigula.
Mendebaldeko edozein liburu
egon badago bere eskuetan,
agian hari buruz diharduen
poema hau biltzen duena.
Begia ingurura zabaldu du.
Ez dakigun zerbait hautsi berri da.

PERO CÓMO

El monje alza la vista
de la miniatura que pinta,
y en el *scriptorium* no hay
nada más que monjes,

no monstruos mitológicos,
no reyes, no arzobispos,
no vírgenes marías encinta,
ningún ser de los que dibuja.

Vuelve sus ojos hacia el libro,
o ya ha terminado su trabajo,
o se dirige a su compañero;
se le ocurre algo, pero ¿cómo?

POETAK AMATXIRI EROSKETA EGIN DIO

Zure izenaren mira
atzendu zait arrabitan,
ez noa hemen entseatzera.
Amatxiren zahartasunaren atributuak
banoa ahopez salmodiatuz:
ardo zuria, lagun nazazu,
zukurako laranjak,
lixiba ez indartsuegia, lagun nazazu,
sei kutxa esne,
Eroskiko kutxazaina, beha nazazu,
ez pentsa ardotzar hau guztia niretzat denik,
jogurt naturala,
eta zer gehiago, zer gehiago,
zu ere ohartu zara,
zutasunaren fede onetik,
kutxazaina beha dudala?

EL POETA LE HACE LA COMPRA A SU ABUELA

Dicen que dar de comer es la manera
más sencilla de decir te quiero. Dicen,
pero no qué significa hacer la compra
a alguien. Se la hice semanalmente,
durante su último año y medio, a mi abuela.

Me sentía dentro de un cuento infantil,
Pagaba la cuenta y volvía cargado
de bolsas, al acecho de un lobo
que nunca apareció. Bajaba la guardia
en cada bocacalle, no rehuía ningún rincón
sombrío, me demoraba con el cambio.

Un día, en los ojos de mi abuela,
vi que el lobo era yo.

MA CHI SEI TU?

Nork ez du inoiz Fontana di Trevin
bainatu nahi izan, Anita Ekberg bezala?
Nork ez du, bestela, hari begira den
Marcello Mastroianni izan nahi izan?

Fellinik beste film batean elkartu zituen,
nola ez, magia trikimailu baten bitartez,
*La dolce vita*tik hogeita hamar urtera.
Elkarrekin dantzatzen dira hunkituta
eta elkarren ondoan ikusten dute iturriko
eszena zaharra. Mastroiannik edertasuna
laudatzen dio: «Ma chi sei tu? Sei una dea?».
Ez dakigu ordukoari edo Anita zahartuari.
Edertasuna beti da nostalgiaren bazka.

NO LA CONOZCO

Hay un vídeo colgado, de un documental
de la BBC, en el que preguntan a Anita Ekberg,
tremenda, inmensa, luminosa, oronda,
su opinión sobre algunas de las cien estrellas
más sexys del siglo veinte, según la revista Playboy.
Al llegar a la decimocuarta, apenas se puede
entender su respuesta (está comiendo a dos carrillos):
«¿Anita Ekberg? A esa no la conozco».

TABERNAKO SOLASALDIAK

Luis Vivesek latinezko gutun batean
Erasmori XVI. mende hasieran, edo nik
Daniri fakultateko tabernan XX.ean:
«Bizi garen garai gatazkatsuan
mintzatzea eta isilik egotea berdin da
arriskutsu».

Betikoaz ari gara, uste dut;
nafarra, euskalduna edo espainiarra
izateaz eta ez izateaz, eta nola, eta
abar. Solasaldi benetan nekagarriak.

CONVERSACIONES DE BARRA

Conversaciones superfluas,
algo pesadas, sobre las que pende
como una amenaza o un eco lejano,
un no sé qué de profundidad,
que se desliza sin que parezca
percibirlo nadie. Nadie anota
(porque sería extenuante)
la remota pepita de verdad,
entrevista en horas de birra y barra.

ITZULPENA-TRADUCCIÓN

FANCIULLO

Mutiko, hire edertasun hau oro
nire logelatxo burges honetan nire,
hiri zorrotzak deus ez dakiela
hire edertasun honetaz orotaz.

FANCIULLO

Chaval, toda tu belleza
en mi habitación burguesa
de esta ciudad implacable
tan ajena a tu belleza.

O POETA

El poeta es un fingidor.
Finge tan completamente,
que finge que finge que finge,
hasta cambiarse por el lector.

O POETA

Poeta usurpatzaile bat da.
Irakurle artatsuarena egiten du
hasieran, errugabe harritu plantak,
baina egiatan azpijokatzen ari da,
berak ere, doloz, harritu nahi du,
irakurle artatsuren bat bidegabeki
patrikaratu, zeina, bere aldetik,
bere egunean, ez ukan dudarik,
uhartetik joanen baita ihesi,
zuri, ene irakurle artatsu, ernalkin
metaforikoak erauzteko.

BASIA MILLE

Eman niri muxu bat, beste bat,
anitz muxu eman niri gero,
hainbeste muxu, muxu zure,
gero, ezin dezadan jakin
zenbat muxu (gure) daramagun,
eta, muxu kontatzeaz nahasturik,
dezagun muxu kontua ezabatu,
agure muxugorriek, horrela,
ez gaitzaten (muxutruk) bekaitz.

BASIA MILLE

Dame un beso, dame otro,
dame luego muchos besos,
tantos besos, besos tuyos,
luego, que no pueda contar
cuántos besos (nuestros) llevamos,
y, confundidos de contar besos,
borremos la cuenta de los besos,
para que los ancianos, esos vesánicos
besugos, no nos envidien.

LA MER

Cae una hoja seca en la fuente
y la triste agua expectante altera.
Quizá fuera un recuerdo perdido
de una arboleda lejana. El musgo
en el fondo parece llamar a mi mano,
para que la pose sobre la superficie
y detenga la onda expansiva.
Pero hace frío y dejo que llegue
hasta el otro extremo de piedra.
Ha pasado algo, no sé muy bien qué.
El porcentaje de yo que es agua
también se ha estremecido. O es el frío.

LA MER

Itsasoa, oi itsasoa,
oi ene itsas urardoa!
Sakondu ondoko saria,
jainkoen bare soraioa.

Behin eta berriz hasia,
betiraunaren jauregia;
egunek dakarte geroa
eta geroak tristezia.

Non pausa ez duen kaioa.
Hegan galdu du nora joa:
dela bihar, dela badia.
Heltzeak tristetu daroa.

Ez gaitezen denboran gera,
baina bihurtu lehenera.
Geldi ere urrunduz doa
zorigaitz guztien bezpera.

REMEMBER ME

Lurrean hilik nadinean etzan,
nire okerrek sor ez dezatela
ezein kezkarik hire bularrean.
Oroit nazak, oroit nazak, ai, baina
nire patuaz ahantz.

REMEMBER ME

Recuerdo las cosas:
el globo terráqueo, la enciclopedia
médica, el pequeño frasco
de perfume de mi madre.
Mi madre. Había un cojín rojo
al que también abrazaba
a la vuelta del colegio. La letra
menuda e insegura, el cajón vedado.

Jugábamos, el día apagándose,
a *hoy* los niños. Y es hoy.
Intuíamos quizá la tragedia,
porque jugábamos, en lo que jugábamos.

Solo existen las cosas que recuerdo.
Las paredes iluminadas de miel,
las gafas sucias y los libros
con la voz de mi padre, su patria.

Tulipanes amarillos. Aquellos.
Existen porque los recuerdo.

CREDULITAS NUNC

Kontrakoa esan ahal duena
ezin da senargai desleial izan.
Beraz, otoi, gezurra esadazu;
maite nauzula, film hartan bezala.
Esan «sinets nazazu, ez nintzen ni».
Sineskortasunak ez dagi minik.
Gezur bat beti gerta zitekeen.
Nik berdintsu emanen dizut musu,
haserrealdia antzeztu gabe,
beste batek musu eman tokian.
Sekretuz irudikatu dezaket
gezurrezkoa duzula gezurra,
beste hura musukatzen dudala.

CREDULITAS NUNC

¿Como te convencería ahora, solo
como estoy, de que tengo amigos
a los que traicionaría
de estar con ellos, por estar contigo?

BERTSO LERRO BAT

Bertso lerro bat bururatu zait
eta, sortu ahala, neure buruari
errezitatu diot. Itxura ona zuen,
baina, nitaz erraz sinetsiko duzunez,
ez dut transkribatu. Eta orain
oroitu ezinik nabil. Pozik,
neurri batean, bizitzak, nik ez bezala,
arteaz defendatzeko moduak baititu.

BERTSO LERRO BAT

He perdido un poema que no había escrito,
digno –me parecía mientras nacía, fácil
e inspirado– de los mejores salones o revistas,
apropiado para nuevas o malas compañías.
Como en un rapto vino, y él solo se ha liberado
de salones, revistas, de nuevas y malas compañías.

NIL SECURIUS MALO POETA

Se queja Legna (a mí:
soy su mejor amigo)
de que le están puteando. Alguien,
y él sabe muy bien quién
(¿seguro, Legna?), se la tiene jurada;
una mano negra.
Funda su razón en la evidencia
de que nadie
quiere publicar sus poemas.
Legna, si buscaran puteraste,
¿no sería más sencillo publicarlos?

NIL SECURIUS MALO POETA

Oso poema txar batzuk agertu direlako
webgune galdu batean, zuri egotziak,
zureak izan gabe,
haserre zabiltza, zabiltza muturtua
eta bekaiztu zara. Ez nau harritzen.
Idatzi infame horiek bilatu,
aurkitu ditut sarean,
eta kontua uste baino larriagoa da.

Poemak zureak ez izateaz gain,
zureak dirudite.

AURKIBIDEA